ÉLOGE

DE

M. MAILLET-LACOSTE,

LU A L'ACADÉMIE DU GARD,

Dans sa séance du 22 mars 1861.

NIMES

DE L'IMPRIMERIE CLAVEL-BALLIVET,

PLACE DU MARCHÉ, 8.

—

1861.

ÉLOGE

DE

M. MAILLET-LACOSTE

Lu a l'Académie du Gard, dans sa séance du 22 mars
1861,

Par M. NICOT, Sécrétaire perpétuel.

Mes chers Confrères,

Lorsqu'en votre nom, j'acquitte, hélas! presque
chaque année, le tribut des regrets que font naître
les vides survenus dans vos rangs, je ne vois pas
dans ce pieux devoir l'observation d'un simple usage
académique; il y a toujours pour moi dans ces dou-
loureuses appréciations de la vie et de la mort, il y a
cette satisfaction vive qu'on éprouve à louer un
homme de bien et de talent, un confrère aimé; il y
a toute la satisfaction qui s'attache à reformer en
quelque sorte des liens qui nous furent chers, et à les
rendre durables dans le monde des intelligences et le
commerce spirituel des âmes.

Aujourd'hui, plus que jamais, je suis profondément
pénétré de ce sentiment en venant vous entretenir de
M. Maillet-Lacoste, qui ne fut pas seulement pour
moi un collègue, un confrère, un commensal, un
compagnon, mais un tendre ami avec lequel j'ai
vécu intimément pendant plusieurs années, et à qui
j'ai eu deux fois l'honneur de succéder dans les deux
chaires qu'il occupait avec tant de distinction à Nimes
et à Montpellier.

Cet homme éminent et bon qu'une cohabitation presque intime m'a mis à même de bien étudier, je voudrais pouvoir vous le faire connaître, n'est-ce pas dire vous le faire aimer? Je voudrais pouvoir vous le montrer, vous le rendre tel qu'il apparut parmi vous en 1814, 1815 et 1816, tel qu'il était, sans apprêt, sans recherche, laissant percer à travers une certaine originalité de langage et même d'aspect et de costume, la bonté de son cœur et la haute portée de son esprit; je voudrais pouvoir vous montrer dans tout son jour cette organisation privilégiée unissant aux plus beaux dons de l'intelligence toutes les amabilités du plus heureux caractère.

Vous allez reconnaître ces brillantes et douces qualités dans cet écrit modeste, dans cet œuvre sénile que l'amitié et le devoir inspirent à l'égard de celui qui connaissait si bien le devoir et l'amitié ; à l'égard de celui à qui je puis répéter, comme Dante à Virgile,

tu duca, tu signore, tu maestro.

Pierre-Laurent Maillet-Lacoste, naquit en 1776, aux Cayes, dans l'île de Saint-Domingue, alors sous la domination française dans toute sa partie occidentale. C'est dans cette jolie petite ville commerçante, au sein de son opulente famille, qu'il passa toute son enfance. Son âme jeune encore s'était émue profondément à la vue de cette brillante mer des Antilles, de ce soleil resplendissant des tropiques, de ces majestueuses et murmurantes forêts, de ces vertes savanes, de tant de vastes prairies et d'odorantes fleurs; devant ce grand luxe de la création il s'était senti comme inspiré. Certes, une intelligence active comme la sienne n'avait pas besoin des objets sensibles pour entretenir et agrandir sa pensée ;

cependant on peut admettre (comme il nous le disait quelquefois) que le magnifique spectacle qui fut placé sous ses premiers regards a pu rendre plus fécondes ses hautes facultés. La poésie de la nature n'est-elle pas souvent comme la voix du passé, la préparation et la garantie de l'avenir?

Il venait d'entrer dans l'adolescence, il avait 15 ans, lorsqu'éclata, en 1791, la terrible insurrection des nègres. Ses parents furent dépouillés, expulsés et vinrent chercher un asile en France. Les études du jeune créole étaient loin d'être achevées; mais armé de cette intelligence qui se joue de toutes les difficultés, et de cette bonne volonté qui est presque une aussi grande puissance, il s'adonna tout entier à la culture des sciences exactes. Il y fit de rapides progrès et, en novembre 1794, il fut compris avec le vénéré Ambroise Rendu, avec Biot, Dinet, Francœur, Poinsot, etc., dans la première promotion de l'école polytechnique, qui, fondée depuis un an (12 mars 1793), ouvrit alors ses cours savamment professés par Lagrange, Prony, Monge, Chaptal et Bertholet. Dans cette école, où n'entrent que des sujets d'élite, il fit remarquer sa rare aptitude, et bientôt il allait la montrer tout entière dans les services publics, lorsqu'un décret du directoire exécutif vint briser cette existence.

Des jours mauvais s'étaient levés. Après le renversement de la royauté, on ne songeait plus qu'à consolider le gouvernement par les plus grandes rigueurs. Le pouvoir, vivant entre la peur et le crime, était facilement criminel. Le peuple, tourmenté par la soif des innovations, non content d'avoir vu la monarchie supprimée, voulait tout refaire, et se ruant sur les vieilles institutions du pays, n'écoutait plus que la parole fougueuse et vibrante de quelques modernes Gracchus. Les factions, partout victorieuses, se servaient de fer à Paris, de bâteaux à Nantes, d'artillerie de siége à Lyon. L'épouvante était partout. Maillet-Lacoste, qui savait que les révolutions commencent avec les idées, se soutiennent avec les passions et finissent avec le sang, Maillet-Lacoste, qui déjà en avait été victime, prit courageusement la plume, et protestant contre tous les excès, contre toutes les tendances qu'il regardait comme une honte pour la patrie, il écrivit, le 21 janvier 1796, dans le journal intitulé *le Censeur des journaux*, un article éloquent contre l'établissement de la fête du 21 janvier, ordonnée par la Convention. Le directoire le renvoya immédiatement de l'école. Son dévoument à la royauté lui avait couté cher, mais il ne s'en plaignit pas, et après avoir sacrifié au devoir ce que l'homme a de plus cher, sa carrière, il montra que le malheur peut atteindre les âmes fortes, mais ne peut abattre leur courage.

Pour nous, Messieurs, qui sommes placés par nos habitudes méditatives au dessus des colères et des préventions des partis ; pour nous qui savons applaudir à toutes les actions généreuses ; pour nous qui avons accompagné de nos vœux les plus ardents les Montholon, les Lascases, les Bertrand, lorsque s'attachant à l'exil du grand capitaine des temps modernes, ils allaient

> Des nations en deuil sublimes mandataires,
> ...... Former la cour de son étroit palais (1) ;

(1) *Napoléon en Egypte*, par Barthélemi et Méry.

pour nous, Messieurs, c'est quelque chose, c'est beaucoup que cette fidélité désintéressée, que ce dévoument à une cause qu'on a embrassée sans autre mobile que la conviction.

Forcé de renoncer à sa belle carrière, il chercha à se créer des ressources dans l'enseignement. Le hasard lui avait fait connaître, à son arrivée en France, un homme bienveillant et modeste, M. Laurent, maître de pension à Brest ; il se mit en relation avec lui, et fut attaché à son établissement en qualité de répétiteur.

Embrassant, dans sa vaste et forte tête, l'entier ensemble des connaissances humaines, il enseignait à la fois les langues anciennes et les sciences exactes ; lisant tour à tour Pascal et Cicéron, comme Fermat et Aristote ; cherchant des aliments à son active intelligence dans les combinaisons de l'algèbre, ou des délassements dans la culture des lettres. C'est à cette époque qu'il entreprit et qu'il termina une traduction de Tacite, dont il nous a été donné de voir deux parties *(les Mœurs des Germains et la vie d'Agricola)* (¹). Nous avons admiré, et nous admirons encore dans les deux cahiers qu'il nous a laissés, le mérite de cette œuvre si ardue.

En effet, c'est peu de saisir la pensée souvent profonde et quelquefois obscure de l'auteur, il faut la rendre avec cette précision qui semble le privilége de la langue latine, avec cette splendeur d'images qui ne nous est pas habituelle ; car la langue française

____

(1) Les 9 cahiers de cette traduction ont été perdus dans un trajet de l'auteur, de Brest à Paris.

n'est pas toujours libre dans sa marche, expressive dans son tour ; et par cela même qu'elle est logicienne habile, enchaînant les mots selon l'ordre de la pensée, elle ne connaît pas les hardiesses de l'inversion ni les charmes de l'harmonie. Maillet-Lacoste, lui, en connaissait tous les secrets, et il s'appliquait tous les jours à les faire connaître aux élèves de 4e, 3e, 2e et rhétorique, à qui il donnait ses savantes leçons. Et, Messieurs, pour tant de travaux quel était le salaire ! Il ne recevait absolument rien ; c'est à peine si son ami, son besogneux ami, fournissait à son plus que modeste vestiaire.

Après plusieurs années passées dans cette solitude pensive et dans les plus amères privations, la mort de M. Laurent le força de chercher de nouveaux moyens d'existence. Il se rendit à Paris, centre attractif de tous ceux qui sont frappés en province ; il se décida à demander ces moyens d'existence à l'Université, qui venait d'être créée. Il se rapprocha tout naturellement d'un inspecteur général aussi puissant que bon, M. Ambroise Rendu, son condisciple à l'Ecole polytechnique et son compagnon d'infortune ; car il avait été aussi expulsé de l'école par le refus de prêter serment de haine à la royauté. M. Rendu n'avait pas oublié son camarade ; il le présenta à un homme éminent, son collègue, à celui que M. de Châteaubriand consultait, qui a écrit plus d'une page dans les Martyrs et qui vient d'expliquer et de justifier la confiance du grand écrivain par un livre remarquable par le charme de la diction et la finesse des pensées.

M. Joubert était précisément alors chargé de l'organisation du lycée de Nice, qui venait d'être décrété. Napoléon comprenait que le véritable moyen de faire progresser ces populations des Alpes-Maritimes, un peu attardées, et qui n'étaient encore qu'à demi-françaises, c'était d'y introduire des études fortes et variées et de refaire dans ces contrées l'édifice social en le prenant par la base. M. Joubert vit Maillet-Lacoste et mesura, dans un premier entretien, toute sa valeur. Il le fit nommer, par M. de Fontanes, qui fut aussi séduit par le modeste répétiteur de Brest, à la chaire de rhétorique du nouveau lycée.

Attaché à ce même établissement et par la même influence, nous apprîmes bientôt à connaître, à aimer, à admirer ce bon et brillant collègue.

C'est là que nous l'avons vu donner, presque chaque jour, des preuves de sa puissante organisation et éclairer toutes nos discussions.

Une des facultés les plus remarquables de Maillet-Lacoste était la mémoire. Non-seulement il avait retenu un grand nombre de passages des auteurs grecs et latins, mais quand, dans la journée, il avait composé sept ou huit pages, il nous les récitait sans difficulté. Il faisait plus : quand une de ses compositions était achevée (et souvent elles étaient d'une grande étendue), il la reproduisait sans effort, sans se tromper, sans s'arrêter. A ce don précieux, il joignait une grande puissance de travail.

Souvent nous l'avons vu, après une journée employée tout entière dans l'étude de ces belles littératures anciennes, qui s'emparent de nous avec une irrésistible puissance, et vers lesquelles, à tous les âges, notre esprit se porte avec un filial amour, souvent nous l'avons vu, tant son ardeur était infatigable, résister aux plaisirs les plus légitimes : celui d'une excursion dans les riantes villas des environs et sur les coteaux embaumés de ces balsamiques contrées, ou se dérober au charme de causeries intimes chez quelques hommes éclairés autant qu'affectueux (¹), qui étaient pour nous alors, comme ils le sont pour tous les hommes en général, une diversion agréable, nécessaire même après les longues contentions d'esprit de la journée ; car, comme l'a dit naguère spirituellement un grand poëte s'adressant à un ami (²) : *Le plaisir honnête est une des quatre fins de l'homme.*

Ces trésors, ainsi amassés laborieusement, cette connaissance profonde des idiomes de l'antiquité, se révélèrent surtout dans une occasion solennelle.

Pie VII, rendu enfin à la liberté, et qui venait de prouver que la religion ne se relève jamais plus forte que quand elle est sous le glaive, Pie VII repassait par Nice, retournant en Italie ; les populations se précipitaient en foule sur son passage, dételaient les chevaux de sa voiture, se jetaient sur lui pour baiser ses mains et ses pieds, et les autorités civiles suivaient aussi cet élan universel. Maillet-Lacoste fut l'organe du lycée. Inspiré par ces sentiments de piété si profonds, si sincères, qui l'animaient ; fort de cette puissance morale et religieuse qui faisait alors explosion dans la société française ; éclairé de ces vives lueurs de la foi qui remplaçaient les rayons pâlissants de l'empire, il s'éleva à toute la hauteur de son sujet, à toute la sublimité de l'éloquence chrétienne. Nous étions là, Messieurs (10 février 1814), et nous lûmes

____

(1) M. Dubouchage, préfet du département ; M. Teulère, ingénieur en chef du département.

(2) Lettre de M. de Lamartine à M. de la Chavanne, traducteur des *Mémoires d'Aponte.*

dans le regard de Pie VII sa surprise et sa satisfaction
d'entendre si bien parler la langue de Cicéron et de
saint Augustin.

Je vous demande la permission de vous lire cette
belle et courte harangue.

Ad summum pontificem per Nicœam iter facientem
(postridie ejus adventûs).

« Ex his populorum obsequiis, qui tibi obviam
» effusi procurrunt, tanquàm omnes in patris ample-
» xum involarent, judicare potuisti, venerande ponti-
» fex, ut nostris animis firmiter hæc religio inhœreat,
» quam aliquot insanientis sapientiæ professores
» evellere tentârunt.

» Dùm eam, quasi imperiorum ritu senescentem,
» facilè se eversuros arbitrarentur, in te præsertim
» pristinæ ejus ætatis decor ac velut flos juventæ
» refulsit.

» Ejus profectò eximias exprompsisti virtutes, quæ
» in dolore vigent, in squalore enitescunt; adeò ut,
» omni magnitudinis humanæ præsidio destitutus,
» apparueris major. Exilium, vincula tibi gradus ex-
» stiterunt, quibus suprà cæteros homines nobis visus
» es ascendere; hoc ipso quòd ex illâ primariâ chris-
» tianorum civitate aberas, tua nobis veneranda
» imago vividiùs affulsit.

» Dicam quod sentio, et quæ fortiter egisti, fortiter
» extollam. Non solùm ecclesiæ sanctitas, sed Europæ
» dignitas, quantùm in te fuit, illibata mansit. Tu
» adversùs illam vim cæteros principes obruentem, ut
» bellator inter ruinas, stetisti inconcussus. Tu eam
» propriis christianorum armis, patiendo, devicisti.

» Si quid in hâc terrâ tuam animam ad cælestia
» eminentem recreare valeat, fruere illâ, quæ jam
» nunc tibi decernitur, virtutum mercede ; fruere
» universi christianorum orbis acclamationibus, qui
» certantibus studiis, te iterùm quodam modo ad
» hanc supremam sedem eligit, quam tunc prœclariùs
» implevisti, cùm profanorum oculis vacua videretur.»

Ne vous semble-t-il pas, Messieurs, que tout ce discours, imprégné de foi non moins que de talent, que ce discours, effusion courageuse et mélancolique d'un âme religieuse et tendre, est jeté dans le moule antique ? N'y a-t-il pas là quelque chose de l'énergique concision de Tacite et de l'expression brillante et déroulée de l'orateur romain, et parfois, la forme saisissante et antithétique de Senèque ?

Grâce à son savoir qui était des plus étendus, à sa parole pénétrante, imagée, et souvent remarquable par l'originalité du tour ; grâce à l'aménité de ses mœurs et de son langage, il compta bientôt dans sa classe autant d'amis qu'il comptait d'élèves. Ils se sentaient tous autant d'attrait pour l'homme que d'admiration pour le professeur, et nous l'avons vu à Nice exciter non-seulement les sympathies de la jeunesse, mais recueillir, au sein des familles les plus honorables, les témoignages d'une estime et d'une déférence toutes particulières.

Maillet-Lacoste vivait doucement comme nous, sous ce beau ciel et au milieu d'une population qui lui prodiguait les marques de sympathie et de respect, quand les événements de 1814 rendirent Nice au Piémont, et en amenant la suppression du lycée, firent brusquement descendre de sa chaire le maître habile qui l'avait brillamment occupée pendant deux ans.

C'est par suite de cette brutale éviction qu'il vint à Nimes professer la seconde. — Ici commence une nouvelle période que vous avez vu se dérouler sous vos yeux. Ne vous semble-t-il pas l'entendre encore à la distribution des prix d'août 1845, défendre, avec tant d'éloquence et de savoir, le système d'enseignement universitaire, que de passionnés détracteurs regardaient déjà comme conviant à l'imitation de l'antiquité républicaine. Le professeur qui combattait, comme le grand orateur romain, *pro domo suâ*, *pro aris et focis*, présenta les plus hautes considérations qui frappèrent son bon et savant collégue Alexandre Vincens, lequel nous disait que cette œuvre était aussi brillante que substantielle.

Vous l'entendîtes aussi avec l'intérêt le plus vif, lorsque, étant admis parmi vous, il prononça le remarquable discours analysé dans notre volume de 1847. Vous avez, sans nul doute, été frappés comme moi, de ces belles et bonnes paroles adressées aux esprits moroses qui, alors surtout, déprimaient le savoir et la diffusion des lumières.

« La nature qui mène l'homme tout ensemble vers
» la société et vers la science, ne saurait avoir placé
» dans la science ce qui doit détruire la société, et si
» les passions, qui empoisonnent tout, font sortir de
» loin en loin quelques inconvénients de nos lumières,
» on doit les supporter comme les inconvénients de
» notre grandeur.»

(Discours do réception à l'Académie, 7 janvier 1846.)

C'est à peu près à cette époque qu'il commença à composer un discours qu'il destinait au concours de l'Académie française, l'éloge de Rollin.

Ici je dois entrer dans quelques détails :

L'Académie française avait demandé une composition en harmonie avec le caractère de Rollin ; elle désirait y trouver cette fleur de simplicité et de bonhomie, qui distingue l'auteur du *Traité des Etudes et des Histoires ancienne et romaine*. Or, il faut bien l'avouer : notre confrère travaillant sans cesse ses écrits, s'efforçant d'en rapprocher, d'en condenser les beautés, quelquefois se laissant aller à des contrastes et des oppositions inattendues de mots et d'idées, ne pouvait être accueilli favorablement par la première de nos assemblées littéraires, qui a toujours préféré le goût simple à l'imagination éclatante. Le travail, le beau travail de Maillet-Lacoste ne fut pas couronné. M. Saint-Albin Berville, qui devait plus tard devenir un magistrat éminent, remporta le prix. Ce fut une douleur pour notre confrère. Non qu'il ne reconnût pas l'élégance de l'œuvre de son heureux concurrent ; mais il sentait, avec raison, que la sienne était plus profondément pensée et écrite avec plus d'éclat.

S'il est permis ici de hasarder une conjecture, nous dirons que le docte aréopage de la capitale aura trouvé, indépendamment de quelques défauts que nous venons de signaler, aura trouvé, dis-je, trop longs les détails donnés sur l'enfance de Rollin, sur les querelles religieuses qui sont si loin de nous, et enfin la défense, trop développée et imprudente peut-être, du système de la traduction interlinéaire qui est conseillée dans cet éloge comme la base de l'enseignement. Dumarsais l'avait autrefois proposée ; il méconnaissait aussi, qu'il vaut mieux rendre l'instruction solide que facile ; que dispenser l'élève de toute recherche lente, c'est peu le servir ; car, au fond, il aime mieux pénétrer de lui-même le sens. Le don flatte moins que la conquête.

Après, et malgré cet incident douloureux, il composa un autre discours sur la critique littéraire, remarquable par la force des idées et la portée des vues, qu'il n'eut pas le temps d'achever et d'envoyer au concours de l'Académie française, et il publia, presque en même temps, des considérations graves sur les Juifs, sur les troubles de Nimes, et quelques écrits, sérieux toujours, mais qui ne sont pas de longue haleine.

Il faut s'étonner que des études si consciencieuses et si constantes, l'amour des lettres entretenu et vivifié par la pratique journalière de l'enseignement, n'aient pas fait éclore des écrits plus nombreux encore et plus importants.

Mais, sévère à lui-même, il en a peu livré à l'impression, et les deux volumes qu'il vous a récemment adressés contiennent, à peu près, tout ce qu'il a jugé digne de lui. Mais, du moins, pour l'observateur attentif, il y a là des pages de la plus riche imagination poétique, et de la plus haute philosophie, et des pages revêtues d'un style étincelant, plein de mouvement, de chaleur et de vie.

Je citerai surtout, pour justifier cet éloge, le début d'une étude sur ce philosophe qui a joué un plus grand role par ses malheurs que par ses idées, Condorcet, qui trompé par ses aspirations décevantes, ne vit pas que le progrès indéfini n'est qu'une chimère; qui ne sut pas, par un simple retour sur sa nature, revenir à une appréciation plus modeste de la puissance qui nous fut donnée; qui ne comprit pas qu'il est téméraire de vouloir reculer indéfiniment cette limite importune de la vie, pour transporter à l'homme sur la terre ce que la religion ne lui promet que dans une autre existence :

Sur le système de la perfectibilité indéfinie :

« Qui sait apprécier l'insuffisance des méthodes et la
» puissance de l'habitude ; qui a réfléchi sur le déve-
» loppement des êtres dans les périodes variées de leur
» existence, doit voir qu'il ne serait possible à
» l'homme de perfectionner indéfiniment ses facultés
» qu'en prolongeant indéfiniment ses jours ; c'est-à-
» dire, que nous ne pourrions arriver à un prodige que
» par un autre. Aussi, un philosophe distingué, tou-
» jours conséquent dans ses erreurs mêmes, a-t-il
» donné à la fois ces deux magnifiques espérances au
» genre humain. Il a même osé prétendre que dans ce
» progrès de nos facultés comme de nos jours, que
» dans cette lumière sans cesse croissante de notre
» intelligence, toutes les passions viles ou cruelles, ces
» tâches de l'humanité, seraient comme consumées.
» Dans cette hypothèse, imposante au moins par son
» objet, ce drame mystérieux du monde irait donc,
» après tant de catastrophes, se dénouer dans un
» nouvel âge d'or. Admirons ici comment la poésie et
» la philosophie, tour à tour, balancent l'espèce hu-
» maine entre les regrets et les espérances ; comment
» cette félicité, qui nous fuit toujours, est reléguée par
» l'une, à l'origine du monde et nous est montrée par
» l'autre, dans les siècles à venir. Ainsi roule ce globe
» infortuné entre deux grandes images du bonheur. »

Il n'avait pas encore terminé l'éloge de Rollin, dont nous venons de parler plus haut, lorsque, par un arrêté du 10 octobre 1816, il fut nommé à la chaire de rhétorique de Montpellier. Là encore, il trouva une jeunesse respectueuse et sympathique, à laquelle il inspira encore le goût des grandes littératures de l'antiquité.

Dans une occasion solennelle (à la distribution des prix du collége royal de Montpellier), il eut un dédommagement de l'échec qu'il avait éprouvé ; l'évêque de Montpellier, Mgr Fornier de la Contamine, après avoir entendu cet éloge de Rollin, s'avança sur l'estrade et posa sur la tête du professeur attendri la couronne, en l'accompagnant de quelques paroles flatteuses.

Ce fut là, comme le dit Maillet-Lacoste, dans une préface qu'il a mise à la tête de l'éloge qu'il a publié, ce fut là toute sa récompense, ajoutant, poussé par un souvenir un peu amer : « Un orateur serait » trop heureux dans ce siècle d'être couronné à la » fois par un évêque et par l'Académie française.»

Cette petite ovation le rendit heureux, car il aimait la gloire et les applaudissements βίος μετὰ δόξης. Il n'aspirait pas peut-être à l'immortalité, mais il se laissait aller volontiers à ce bruit flatteur de la louange que les Italiens ont appelé d'un mot si significatif *Sciroppo di lusinga*. Avouons-le donc, les éloges, quand il les obtenait,

Chatouillaient de son cœur l'orgueilleuse faiblesse (Racine).

d'autant plus que l'éloge s'obtient difficilement aujourd'hui.

Ce n'est peut-être pas par suite de la malveillance des esprits de l'époque, non, mais ne peut-on pas dire que la diffusion des lumières en a diminué l'éclat ? Nos yeux, accoutumés à une clarté plus généralement répandue, sont moins frappés du rayonnement des flambeaux qui de temps en temps nous éclairent, et qui jadis eussent, non pas peut-être ébloui nos pères, mais à coup sûr fixé fortement et peut-être charmé leurs regards.

Après avoir professé pendant quatre ans à Montpellier , il fut nommé à la belle chaire de rhétorique du collége royal de Rouen.

Il y recueillit pareillement des marques de respect et de gratitude de ses élèves. Ils furent si émerveillés de la parole et du savoir de ce professeur, pensant comme un philosophe et s'oubliant parfois comme un aimable enfant, ils étaient si satisfaits qu'ils voulurent faire imprimer à leurs frais un recueil de 460 pages, où se trouvent beaucoup de compositions éparses dans différentes brochures ou journaux du temps. C'est sur ce recueil qu'un célèbre critique, M. Dussault, a porté le jugement suivant :

« Ce volume renferme un grand nombre de mor-
» ceaux écrits en divers temps, et tous remarquables
» par la sagesse des vues et par l'éclat du talent;
» quelques-uns étaient des actes de courage aux épo-
» ques où ils furent publiés, et il n'en est aucun dont
» le sujet n'éveille l'attention, qui ne promette de
» l'intérêt et ne tienne sa promesse. Le recueil est
» précédé d'une préface qui n'en est pas un des moin-
» dres ornements, et dans laquelle éclatent toute la
» verve, tout le feu et toute l'imagination qu'on trouve
» avec tant de plaisir dans les autres compositions
» de l'auteur.» (*Journal des Débats* du **17** avril **1822**).

Après quatre ans encore d'un brillant professorat, il fut appelé à la chaire de littérature latine de la faculté des lettres de Caen. Dès les premiers jours, son cours fut suivi par un auditoire nombreux, composé non seulement de la jeunesse des écoles, mais d'hommes d'un âge mur et d'un esprit distingué. Tantôt il traitait les plus hautes questions littéraires, tantôt il descendait à de simples causeries, expliquant avec abandon, et non sans éclat, les modèles de l'anti- quité, semant à profusion les pensées les plus riantes et parfois les plus fines saillies qu'aiguisait encore une bonhomie pleine de charme. Et alors, il s'établissait entre le professeur et l'auditoire une entière commu- nauté de sentiment, une merveilleuse conformité de jugement.

Parmi ses leçons toujours si applaudies, quelques- unes firent surtout sensation. Il entreprit un parallèle de deux écrivains qu'il étudiait sans cesse, l'un plus grand que les princes qui le redoutaient (Tacite), l'autre, Bossuet, plus grand que les rois qui l'appelaient avant de mourir, qui le consultaient, qui lui confiaient l'éducation de leurs enfants et semblaient demander à sa sublime éloquence de verser sur les tombes roya- les les consolations de la foi.

Ce parallèle, destiné surtout à la jeunesse studieuse, a été loué par un membre distingué de l'Institut, dont le suffrage toucha profondément l'auteur. M. Jomard disait, dans une lettre en date du 22 mars 1847 :

» Je n'avais pas lu d'étude aussi approfondie sur » Bossuet ; tout le monde avait loué son génie ; nul » n'avait apprécié son caractère ; il n'avait jamais » rencontré d'avocat plus habile, de juge plus équi- » table. »

M. Jomard a raison.

Il y a dans cet écrit quelque reflet des deux prosa- teurs, ses constants modèles, le sujet presque cons- tant de ses réflexions : c'est cet éclat, cette profondeur du moraliste qui conseille et de l'historien qui juge ;

c'est surtout une éloquente défense du caractère de Bossuet, et M. Jomard aurait pu ajouter une certaine singularité dans le rapprochement, qui attache fortement. C'est peut-être parmi les écrits de Maillet-Lacoste, celui où l'ensemble de sa pensée s'est le plus complètement retracé. Il circule dans cet ouvrage, du reste, comme dans tous ceux de notre confrère, une telle abondance de saines idées et de brillantes images qu'en le lisant on sent l'âme se retremper aux sources du vrai et du bien, et l'intelligence s'agrandir et s'élever dans les plus hautes régions.

C'est cette hauteur de vues que M. de Chateaubriand lui-même a louée dans divers articles du *Mercure*, en 1811 et 1812, avec un accent passionné et presque poétique ; c'est cette permanence dans les plus hautes sphères de la philosophie et de la contemplation qui a peut-être nui à sa renommée, tranchons le mot, qui est la cause du silence qui s'est toujours fait autour de son nom.

Ses écrits ne s'adressaient jamais au peuple, non qu'il ne l'aimât pas, mais il le connaissait peu. Sa pensée, toujours placée à une grande élévation, nous venons de le dire, ne descendait jamais dans la chaumière, ni même sous les lambris dorés ; elle ne s'adressait qu'aux esprits muris par de fortes études ; elle aimait mieux hanter les Académies que la rue et les salons. La beauté antique, le sentiment chrétien, voilà les seules sources où il aimait à puiser.

Malheureusement l'exercice de la parole le fatiguait quelquefois ; son organisation délicate et frêle ne soutenait pas toujours les élans d'une âme ardente et sensible. Aussi, fut-il forcé de chercher dans le repos le raffermissement de sa santé ; il laissa pendant deux ans (de 1840 à 1842) sa chaire à un suppléant. Le jour où il y remonta fut pour lui un véritable triomphe. Jamais il n'avait trouvé un auditoire plus sympathique et plus nombreux ; toutes les autorités assistaient à la séance. Il commença ce jour-là une suite de remarquables leçons sur l'art de traduire, et, chose bien imprévue, bien singulière ! cette parole vive, pénétrante, reçue avec tant de respect, rencontra cette fois un contradicteur, un contradicteur puissant : M. Charma, doyen de la faculté, votre docte correspondant. Il s'éleva entre ces deux confrères, ces deux amis, une vraie polémique.

M. Maillet-Lacoste avait soutenu qu'une traduction parfaite est possible, mais qu'elle peut devenir difficile jusqu'à exiger l'intervention du génie, et il citait surtout l'œuvre de notre maître à tous, M. Villemain, dans sa traduction de *La République* de Cicéron. Le savant doyen prétendait de son côté qu'une traduction parfaite est impossible, et que, si on peut en approcher, c'est une œuvre réservée à la médiocrité, et il ajoutait spirituellement *que si une traduction était parfaite, ce serait une contrefaçon perfide ; ce serait une espèce d'attentat à la propriété.* Tout ce que je puis assurer, c'est que jamais, de la lutte entre deux intelligences d'élite, il ne se sera élevé une lumière plus vive et plus pure ; jamais aussi on n'aura vu régner à un plus haut degré cette exquise noblesse, cette cordiale urbanité, trop souvent bannies des débats littéraires ou scientifiques.

Après ces longues discussions, Maillet-Lacoste fit plusieurs leçons pleines d'intérêt sur la correspondance, injustement oubliée, de Cicéron et de Marcus Brutus. C'est pourtant, comme le disait le professeur, un curieux monument que cette suite de lettres écrites dans cette orageuse période où se décidait, non plus seulement dans le sénat et au forum, mais sur les champs de bataille, la grande querelle de la république et de l'empire.

Aussi, Maillet-Lacoste se plut, se complut à retracer le tableau de ces ébranlements politiques, et après en avoir montré l'importance, que révèle cette correspondance ; après avoir remarqué, si ingénieusement, que *nous trouvons dans notre terreur un commencement de sagesse*, il ajoute :

« Avec quel enchantement voyons-nous s'élever et
» s'affermir l'autorité de ce sénat, la véritable décora-
» tion de la république romaine! Comme dans ces dou-
» ces illusions que produit l'histoire, nous nous pres-
» sons autour de ces grandes figures : les Menenius
» Agrippa, les Cincinnatus, dont l'apparition vient
» calmer les flots populaires! Hésitons-nous jamais
» entre Fabius et Varron, entre Cicéron et Clodius? ne
» courons-nous pas au Capitole à la suite de Scipion,
» vainqueur des tribuns comme de Carthage ?

» Jeunesse, vous êtes exposée peut-être à bien des
» orages ; vous vivez dans un siècle où, pour parler
» le langage romain, les dernières centuries mena-
» cent de s'armer, avec plus de précipitation que de
» mesure, de toute la puissance du nombre. Souvent
» vous serez forcée de braver leur colère pour leur
» bonheur. C'est dans le sénat romain que vous trou-
» verez pour les combattre vos armes les plus belles. »

Enfin, après un professorat de 20 ans, à la faculté de Caen, de 12 autres années dans les lycées, et de 10 ans et plus, dans le pensionnat de Brest, Maillet-Lacoste, qui avait mérité tous les éloges et

obtenu la plus honorable des distinctions (1) , sentit
que le moment du repos était arrivé ; il demanda et
obtint sa retraite, au grand regret des étudiants des
deux facultés, et de ses collégues qui, tous pourtant,
s'étonnaient qu'il eût pu résister si longtemps aux
fatigues de l'enseignement. Il se décida à aller termi-
ner à Paris les derniers jours d'une vie qui fut longue, sans doute (84 ans), pour les graves devoirs et
les saints exemples, mais vie trop courte encore pour
notre Académie, pour ses amis, pour les élèves qui lui
furent si dévoués. C'est encore une remarque à faire :
Il eut l'avantage, je dirai, comme aujourd'hui, la
bonne chance de former des élèves devenus des hommes supérieurs, tels que M. Rouland, ministre actuel
de l'instruction publique, qui ne se rappelle jamais,
sans un souvenir reconnaissant, son éminent professeur de rhétorique de Rouen; feu M. Adolphe Blanqui,
l'habile économiste (2); M. Roustan, inspecteur général des études ; M. G. Ritt, pareillement inspecteur
général, et Rabanis, ex-doyen de la faculté des lettres
de Bordeaux.

Cette dernière phase de sa vie fut ce qu'avaient été
toutes les autres. Rien ne troublait la sérénité de
cette âme noble et pure et maintenant si recueillie.

(1) La croix de la Légion-d'Honneur.

(2) Nous citerons un fragment d'une de ses lettres, en date du 16
mars 1837.

« Votre discours (celui sur l'influence des études universitaires,
» qu'il avait refait et prononcé à Caen devant la faculté, le 5 jan-
» vier 1837), votre discours ne m'apprend rien que je ne sache de
» l'élévation de vos pensées, de vos magnifiques formes de style
» dont j'éprouve encore, après bientôt 25 ans, la favorable in-
» fluence.»

Mettant en pratique l'adage de l'ancien philosophe : ἀπόκρυπτε τὸν βίον (cache ta vie), il s'isolait de plus en plus et vivait dans l'ombre, non pas par misanthropie mais par goût de la retraite ; non pas pour que les joies du monde ne vinssent pas jusqu'à lui, mais parce qu'il ne savait pas descendre jusqu'à elles. De temps en temps seulement, il voyait une de ses sœurs, religieuse, sa nièce et son neveu, seuls survivants de la famille, ou il recevait les enfants d'une famille polonaise logée dans la même maison que lui, et dont il était l'ami et le bienfaiteur. Ainsi renfermé il n'interrompait plus ses travaux accoutumés. Le talent lui était resté (¹) et la bonne volonté, et il se conformait à la prescription de l'orateur romain, en consolant sa vieillesse par des écrits (²) qui n'annonçaient pas le déclin de ses facultés (³).

Mais j'ai assez parlé de l'écrivain, venons à l'homme, et essayons de vous le montrer tout entier avec son abnégation, sa loyauté, sa bonté. En lui, l'homme candide et simple laissait à peine deviner le savant, aussi avait-il des amis dans tous les rangs et toutes les conditions, et c'est bien de lui qu'on peut dire avec le psalmiste : *ab auditione mala non timebit* (⁴). Il était surtout désintéressé : vous en avez déjà eu la preuve par son long séjour à Brest. Il avait perdu, sans murmurer, les biens considérables qu'il

___

(1) *Manent ingenia senibus modo permaneat studium et industria.* Cic., *Senect.*, § 23.

(2) Voir notamment l'opuscule sur la souveraineté nationale, octobre 1848, où l'homme des temps anciens a si bien jugé et apprécié les faits de la société nouvelle.

(3) *Omnino canorum illud in voce splendescit nescio quo pacto in senectute.* Cic., *de Senect.*, § 27.

(4) Ps. CXI, .v 6.

avait à Saint-Domingue (180,000 fr.), et quand, en 1825, on essaya de réparer la spoliation en accordant une indemnité de 150,000,000 fr. aux colons dépossédés, tel était cet homme admirable, qu'il fallut employer tout l'ascendant que son amitié me laissait pour le décider à des démarches qui furent mollement faites, et demeurèrent sans résultat.

L'assemblée qui m'écoute croira difficilement peut-être que cet homme, trop souvent en dehors du positif de la vie, et se sentant incapable de gérer par lui-même ses affaires, m'en avait confié le soin, et fut tout surpris lorsque, frappé comme moi, en 1814, il rentra en France avec les notables économies que je lui remis. La possession lui en paraissait si singulière, l'embarrassait tellement, qu'arrivé à Toulon, après deux jours d'une pénible navigation, les cheveux en désordre, marchant à pas précépités pour nous suivre et presque confus de porter son sac précieux, il fut apostrophé par une femme du peuple qui le prit pour un voleur.

Cette candeur, cette incurie nous rappelle un homme célèbre, M. Ballanche; c'était le même mélange d'habitudes enfantines et de hautes pensées morales et philosophiques; la même pureté de mœurs, le même amour de la religion. Comme Ballanche, Maillet-Lacoste savait que la religion n'est qu'une forme particulière de l'espérance; or, comme le dit un esprit supérieur (Toqueville, *Démocratie*, tom. ii, page 226), elle est aussi naturelle au cœur humain que l'espérance.

Comme Ballanche, et plus encore, il ignorait ces molles voluptés, ou ces faciles plaisirs qui font souvent oublier nos plus impérieux devoirs; il ne connaissait pas même ce sentiment qui agite l'homme dans le premier âge, ce sentiment qui double l'existence et embellit l'avenir. Son âme contenue et réglée n'était à l'aise que dans la société des jours anciens, et toute concentrée semblait n'entendre que la voix des siècles écoulés. Il ne vivait qu'avec les livres ; les livres lui avaient tout appris, et il puisait dans l'étude une force intérieure et vive qui le portait avec élan et persévérance vers la vie contemplative, et l'inclinait seulement à l'amour de la vertu.

Par une disposition d'esprit, assez rare de nos jours, nous l'avons déjà remarqué, il louait volontiers les œuvres littéraires qu'on lui communiquait, pour peu qu'elles eussent quelque valeur ; il applaudissait chaleureusement, sincèrement, sans retour secret, sans comparaison avec lui-même, mettant dans ses jugements l'indulgence et la bonne foi qu'il mettait en toute chose. Cette bonne foi se montrait surtout dans les discussions. Son esprit s'ouvrait alors aux opinions différentes des siennes, qu'il accueillait, qu'il ménageait même avec une délicatesse de sentiment et d'expression peu commune aujourd'hui, et il arrivait parfois que l'adversaire qu'on avait vu chercher à vous convaincre par ses arguments, convaincu à son tour par les vôtres, devenait un précieux, un puissant auxiliaire.

Sa conversation était attachante ; elle était toujours semée de ces traits profonds, brillants, ingénieux, qui frappent, éclairent ou charment. S'il s'écartait du but, il rentrait sans peine dans le mouvement commun comme il en était sorti, par des mots les plus aimables ; et s'il montrait souvent une supériorité marquée sur ses interlocuteurs, il semblait qu'il s'en servait non point pour les rabaisser, mais pour les y associer.

Dans une de ces réunions intimes, où chacun se laissait aller à l'abandon d'une réunion de famille, où le peintre Hersent qui venait de finir les portraits du maréchal Davout et de M. Tranchand, nous les montrait avec une joie toute paternelle, nous demandâmes en plaisantant à M. Lacoste de nous faire aussi le sien ; il se recueillit un moment et nous dit en souriant : « *mon portrait ! eh bien ! le voici :* »

> Enfant par le cœur ;
> Homme mur par la tête ;
> Vieillard par les mœurs.

Ce portrait, qui semble complaisamment tracé, était fidèle. Il nous frappa. C'est qu'en effet Maillet-Lacoste avait comme résumé toutes ses qualités, sentant ce qu'il valait, et, sans vain calcul d'une fausse modestie, il nous avait dit ce qu'il pensait de lui comme il aurait dit d'un autre sans déguisement, sans orgueil et obéissant au témoignage d'une conscience clairvoyante et droite.

Enfin, sa santé toujours si frêle, et d'ailleurs usée par les longues fatigues du professorat, sa santé s'altérait de jour en jour. Ses amis ([1]), ses disciples qui le

---

[1] Nous citerons ici M. Ambroise Rendu, son camarade à l'école polytechnique ; M. de Gueneau de Mussy, mort inspecteur général, son camarade à l'école polytechnique ; M. le comte de Lavillegontier, de sa même promotion, en 1794, puis retiré et nommé préfet de la Nièvre et pair de France ; M. Tranchand, inspecteur général de l'Université ; feu Monseigneur de Beauvais (abbé Cottret) ; Dinet, inspecteur général, son camarade d'école. Nous citerons surtout M. Thiers. Cet homme si éminent aimait à le recevoir et à l'entendre. Ils se voyaient et s'écrivaient surtout assez souvent. Je sais que notre grand historien lui parlait sur un ton respectueux et tendre qui fait infiniment d'honneur à l'un et à l'autre.

visitaient souvent, s'apercevaient que bientôt arriverait le terme de cette noble et pure vie, et après un mois de langueur, et pour eux d'angoisse, ils le virent s'éteindre comme lui-même l'avait dit de Rollin, avec le front serein, et frappé d'avance d'un rayon de cette immortalité qui fut l'attente et la consolation de sa vie, et comme la substance de son être moral. Il s'endormit le 26 mars 1860, du sommeil des justes, béni par un respectable ecclésiastique assis à son chevet, qui détacha les faibles liens qui le retenaient encore à la terre.

Si son cercueil fut un peu solitaire, comme avait été sa vie, on lisait sur tous les visages de ces quelques amis, de ces quelques étudiants en deuil, en larmes, qu'ils étaient tous profondément pénétrés de la perte que faisaient en ce jour les lettres, la philosophie, la religion.

Ainsi s'est écoulée, ainsi a fini, loin du monde et du bruit, cet homme éminent en qui vous aviez trouvé l'habileté de l'écrivain et la cordialité d'un confrère; ainsi s'est terminée cette vie recueillie et honorée, toute de méditation et de hautes pensées, toute guidée par le sentiment du devoir, l'amour du bien et des choses grandes et sérieuses : droit sillon tracé d'une main ferme, à travers le terrain brûlant des révolutions, et sur le sol, tant de fois ébranlé, de la patrie.

La nouvelle de sa mort, annoncée seulement par les journaux, excita les plus vifs regrets dans la nombreuse famille de ses disciples, répandus aujourd'hui sur toute la surface de l'empire, et surtout dans les villes de Nice, Montpellier, Rouen, Caen et Nimes; Nimes surtout, où l'Académie du Gard conservait un si profond souvenir. Pour elle, cette mémoire sera toujours chère et vénérée ; car Maillet-Lacoste avait reçu du ciel les deux plus grandes grâces : le talent et la vertu.

www.ingramcontent.com/pod-product-compliance
Lightning Source LLC
Chambersburg PA
CBHW051404050726
47595CB00006B/2697